GREESHOCH
(Embers)
Scots haiku

by

JOHN McDONALD

ISBN: 978-81-19654-20-8

First Edition: 2023
Rs. 200/-

Cyberwit.net
HIG 45 Kaushambi Kunj, Kalindipuram
Allahabad - 211011 (U.P.) India
http://www.cyberwit.net
Tel: +(91) 9415091004
E-mail: info@cyberwit.net

Printed at Repro India Limited.

DEDICATED TO MY WIFE ANN,
OUR CHILDREN AND THEIR FAMILIES

#

croonin day -
abuin the burn
a crans' carnival

coronation day -
above the stream
a swifts' carnival

#

sodger's gairden -
pish-the-bed puffbaws
...caunles fir the deid

soldier's garden -
dandelion puffballs
..candles for the dead

#

monks
see tae the sinflooers
...thair tonsured heids

monks
tend the sunflowers
...their tonsured heads

#

hairst leaves -
the boolin green
a bricht orange

autumn leaves -
the bowling green
a bright orange

#

wast wund
shooglin the leaves
...prayer flags

west wind
shaking the leaves
...prayer flags
(for Gaza)

#

efter bonfire nicht
daw's reid lift
...greeshoch

after bonfire night
dawn's red sky
...embers

#

yestreen's peer flourish
flutherin doon -
fite-heidit granbairns

yesterday's pear blossom
fluttering down -
white-headed grandchildren

#

schuil Mass
...ah hearken
tae the rowin thunner

school Mass
...I hear
the rolling thunder

#

waddin day -
cleidit brawly in fite
the haw-tree

wedding day -
dressed in glorious white
the hawthorn tree

#

pop concert -
alang the wey
gairden wa's broukit wi pish

pop concert -
along the way
garden walls stained with urine

#

speuggie keeks
throuch the wisteria
...its purpie dreidlocks

sparrow peeps
through the wisteria
...its purple dreadlocks

#

heizin up
frae the lum-heid
a coomy craw

rising up
from the chimney
a sooty crow

#

ettlin tae fit
key tae lock -
the bodach's trummlin haun

trying to fit
key to lock -
the old man's trembling hand

#

ristin on an ashet
flet peaches -
thair sax bare erses

resting on a plate
flat peaches -
their six bare backsides

#

doitit he liggs on clints
waasht up - the yin on the brae
skairs's pyne

demented he lies on rocks
washed up - the one on the hill
shares his pain
(Peter Howson's judas)

#

troot lowps
in an oot o the burn
...siller steeks

trout jumps
in and out of the stream
..silver stitches

#

amang jenny nettles
a hodden flooer -
its reidness is its blateness

among the nettles
a hidden flower -
its redness is its shyness

#

The fush cadger's tooter
cryin in
...fush frae the sea

the fishman's horn
summoning
...fish from the sea

#

the orchid's heid
faws
...flutherin butterie

the orchid's head
falls
...fluttering butterfly

#

the quate burn
meets wi the clints
...threeps

the silent stream
meets with the rocks
...utters

#

roastin day -
amang oor sheddaes
a paewae yin

hot day -
among our shadows
a drooping one

#

years bygaun -
the bairns' photy
slawly dwinin

years passing -
the childrens' photograph
slowly fading

#

gairden pairty -
throuch the sprogs
straeberries' reid een

garden party -
through the undergrowth
strawberries' red eyes

#

cauld wund -
the burn
chitters

cold wind -
the stream
shivers

#

wundy -
the sauch chynges'r dress
frae emerant tae siller

windy -
the willow changes her dress
from green to silver

#

sneddin roses -
fite roses
reiddenin

pruning roses -
white roses
reddening

#

fellin firs -
the incense
the droosy coos

felling firs -
the incense
the drowsy cows

#

Rose o Sharon -
the roariest buss
i the gairden

Rose of Sharon -
the noisiest bush
in the garden

#

croonin day -
a fly-by
o deuks

coronation day -
a fly-past
of ducks

#

furst puffbaw seed -
lanely ghaist
stravaigin

first puffball seed -
lonely ghost
wandering

#

the bummer's druin
i the lily's craig
...bumbazin tanpura

the bee's drone
in the lily's throat
...hypnotic tanpura

#

waddin myndin -
ilka year the roses
aye clap thegither

anniversary gift -
every year the roses
still cling together

#

wull brummles
teirin
oor hauns

wild brambles
tearing
our hands

#

butterie's
stravaigins
sae zen lik

butterfly's
wanderings
so zen like

#

a ginge gibbie-cat
on the skive
fir luve or bluid

a ginger tom-cat
on the prowl
for love or blood

#

bleckie
neb fou o wirms
hedgeraw Medusa

blackbird
beak full of worms
...hedgerow Medusa

#

snail's siller steid
suddently splattered
...siller fuitprent

snail's silver track
suddenly splattered
...silver footprint

#

plane tree propellers -
hairst
fleein in

sycamore propellers -
autumn
flying in

#

the day
an aipple fell
...a douce yin

today
an apple fell
...a sweet one
(for Sinead O'Connor)

#

monastery bawdrons
on's alms traik -
the flesher, the baxter...

monastery cat
on his alms rounds -
the butcher, the baker...

#

hairst
taks haud
...crunklin leaves

autumn
takes hold
...curling leaves

#

jinkin
lik a drouthie
...snails a'whaur

zigzagging
like a drunk -
snails everywhere

#

hairst -
a hinmaist wesp
ower forfochen tae steeng

autumn -
a last wasp
too tired to sting

#

the jeely rowe
o staunin
on a hodden slug

the jelly roll
of standing
on a hidden slug

#

peer tree sindial
streetchin
fir oors

pear tree sundial
stretching
for hours

#

laich sin -
ma sheddae
danders aside me

low sun -
my shadow
walks beside me

#

hou the aipple
daikers itsel
...peerie reid aipples

how the apple tree
decorates itself
...little red apples

#

maw chick
aw it sea
amang the traffic

a gull chick
all at sea
among the traffic

#

tirl -
sinlicht stoors up an doon
a wab threid

breeze -
sunlight races up and down
a web thread

#

sex
on the plainstanes -
twa bummers

sex
on the pavement -
two bees

#

waashin day -
leaves
dreep-dryin

washing day -
leaves
drip-drying

#

aw the wey hame
tentie o dug's claggie luve
on ma fingers

all the way home
feeling dog's sticky love
on my fingers

#

it last the maw chicks
hae quat the lum nest
...upwreilin reek

at last the gull chicks
leave their chimney-pot nest
...spiraling smoke

#

burthday -
brunt-oot caunles
on a tuim ashet

birthday -
burnt-out candles
on an empty plate

#

attercap
trappit i the bath -
snawblinndit bi nou

spider
trapped in the bath -
snowblind by now

#

pish-the-bed puffbaws
aw day quattin this perk
tae seed anither

dandelion puffballs
all day leaving this field
to seed another

#

weet -
snail an me
unner oor umbrellys

rain -
snail and I
under our umberellas

#

flee on the winnock
danderin
amang the cluds

fly on the window
wandering
amongst the clouds

#

muin -
panderin
on an incumin draig

moon
drifting
on an incoming tide

#

flutherin weengs
it the winnock -
spaewife's harbringer

fluttering wings
at the window -
old wives' harbringer

#

frae sauch tae sauch
keengfusher
flourishes a blae threid

from willow to willow
kingfisher
embroiders a blue thread

#

gairden shed
hapt in hinniesickle
...bees' boom boax

garden shed
covered in honeysuckle
...bees' boom box

#

sic waarmth -
e'en the butteries
glidin mair nor uswal

such warmth -
even the butterflies
gliding more than usual

#

a ruinage re-chartit -
the maister nou wins awa
on's boattie

ruins re-charted -
the master now
leaves on his boat
(Monument: Brian Lowery OSA 1941-2019)

#

butterie
ristin on the gairden hose
...the thrab o life

butterfly
resting on the garden hose
...the throb of life

#

janglin bells -
fuitstaps
stoorin tae Mass

jangling bells -
footsteps
racing to mass

#

the yirdin bell
draps slawly throuch the err
the day: 9/11

the funeral bell
drops slowly through the air
today: 9/11

#

through the leaves
persimmons keekin -
a laicher yin tuith-merkit

through the leaves
persimmons peeping -
a lower one tooth-marked

#

years bygaun -
frae ilk watterside
sauchs it last tiggin

years go by -
from each riverbank
willows at last touching

#

ilka day
a'm claucht -
wab threids i ma mou

every day
i'm caught -
web threads in my mouth

#

wundfaw -
athort the green
aipples boolin alang

windfall -
across the lawn
apples bowling along

#

hairst -
acer leaves reid-nebbed
it the nakitness

autumn -
acer leaves red-faced
at the nakedness

#

hern -
its lang spirlie shanks
...shilpit ballerina

heron -
its long thin legs
...skinny ballerina

#

oot frae Mass -
tentie o the craw
dookin's breid i the burn

out from Mass
watching the crow
dunking his bread in the stream

#

the scales an chords
o the blatter
blawin throuch the toon

the scales and chords
of the storm
blowing through the town

#

whaur the derk lift
trysts wi the derk watters
a keyhole o licht...swan

where the dark sky
meets with the dark waters
a keyhole of light...swan

#

blatter -
drivin the acer
gyte

storm -
driving the acer
crazy

#

leaves faw
ligg
wi the hameless

leaves fall
lie
with the homeless

#

hairst leaves
i the weet -
causey airt

autumn leaves
in the rain -
street art

#

www.ingramcontent.com/pod-product-compliance
Lightning Source LLC
Chambersburg PA
CBHW022203160726
48282CB00024B/315
* 9 7 8 8 1 1 9 6 5 4 2 0 8 *